Wolfgang Schwarze

Romantische Reise durch den historischen Deutschen Osten

80 Faksimile-Stiche
deutscher Städte und Landschaften aus Thüringen – Sachsen – Böhmen
Mähren – Schlesien – Brandenburg – Mecklenburg – Pommern
West- und Ostpreußen aus dem 19. Jahrhundert

Gondrom

Reihenfolge der Städteansichten:

	Seite
Eisenach	17
Schmalkalden	19
Gotha	21
Dom und die St. Severi Kirche in Erfurt	23
Der Herder Platz in Weimar	25
Plauen	27
Reichenbach	29
Zwickau	31
Glauchau	33
Chemnitz	35
Freiberg	37
Leipzig	39
Das Rathaus zu Leipzig	41
Wurzen	43
Oschatz	45
Colditz	47
Meissen	49
Dresden	51
Die Hofkirche zu Dresden	53
Schloß Pillnitz an der Elbe	55
Pirna	57

	Seite
Sächsische Schweiz	59
Bad Schandau an der Elbe	61
Bautzen	63
Löbau	65
Zittau	67
Leitmeritz	69
Der Schreckenstein	71
Schloß Raudnic a. d. Elbe	73
Das Kloster zu Braunau	75
Carlsbad	77
Eger	79
Marienbad	81
Das Sachsentor zu Pilsen	83
Die Altstadt zu Prag	85
Das alte Prager Tor zu Schlan	87
Znaim	89
Brünn	91
Friedland	93
Königshütte	95
Neisse	97
Glatz	99

	Seite
Nachod	101
Das Rathaus zu Breslau	103
Breslau	105
Rathaus zu Brieg	107
Hirschberg	109
Liegnitz	111
Görlitz	113
Glogau	115
Magdeburg	117
Wittenberge	119
Spandau bei Berlin	121
Das Brandenburger Tor zu Berlin	123
Potsdam Stadtansicht	125
Frankfurt an der Oder	127
Neu Brandenburg	129
Schwerin Schloß	131
Wismar	133
Güstrow	135
Rostock	137
Stralsund	139
Schloß Putbus	141

	Seite
Greifswald Marktplatz	143
Stettin	145
Stargard	147
Köslin	149
Stolp	151
Hafen zu Danzig	153
Danzig	155
Marienburg	157
Marienwerder	159
Graudenz	161
Culm	163
Thorn	165
Bromberg	167
Posen	169
Königsberg	171
Gumbinnen	173
Börse und Post zu Memel	175

Reisen ist nicht erst zu einem bevorzugten Hobby der modernen Menschheit geworden. Zu allen Zeiten hatten die Menschen Sehnsucht und Interesse an fernen Ländern und Städten. Nur gab es den perfektionierten Reise-mechanismus unserer Tage noch nicht, und das Reisen war ein beschwerliches und langwieriges Unterfangen. Die modernen graphischen Verführungskünste, die die fremden Städte und Reiseländer in unsere Wohnung holen und damit die Entscheidung so erschweren, gab es, wenn auch in anderen Formen, durchaus schon in früheren Jahrhunderten.

So entstand durch die Jahrhunderte eine reiche Kunst der Vedutenmalerei ausgehend von der Scholastik des Mittel-alters, deren Denkungsart alles in feste Regeln zwang, der sich auch die Kunst und das Weltbild unterzuordnen hatten. Die mathematische Ausgeglichenheit der Vedute und der Architekturmalerei waren vorherrschend. Das klare Stadtbild meist ohne Staffage horizontal als Stadtansicht oder vertikal als Grundriß eines Stadtgefüges gesehen, wurde von den bedeutenden Handelsstädten angefertigt. Der deutschsprachige Raum war dabei führend. So entstanden die ersten Holzschnitte von Nürnberg, Köln, Lübeck, Ulm, Augsburg.

Die bedeutendsten Holzschneider und Kupferstecher, wie Schedel, Sebastian Münster, Woensam, Matthaeus Merian d. Ä., Braun Hogenberg schufen begehrteste Stadtansichten und Ansichtensammlungen, die auch späteren Jahrhunderten noch als Vorlagen dienten. Sie mußten nicht nur hervorragende Künstler sein, sondern insbesondere technisch versierte Holz- und Kupferstecher, sowie universalgebildete Geographen und Topographen.

Mehr und mehr kamen nun reichere Staffagen bei den Veduten auf, Figuren, Kleidung, Rüstung, Pferd und Jagd wurden oft von spezieller Hand eingefügt, um dem Bild einen malerischen Rahmen zu geben. Immer aufwendiger wurden die Blätter in der Zeit des Barocks und Rokokos. Alle jetzt bekannten Regeln der Zeichen-und Malkunst wie Perspektive, Proportion, Licht und Schattenverteilung und eine gekonnte Raumaufteilung verliehen den Veduten blendende Wirkung von größter Lebendigkeit und geben uns eine genaue Vorstellung vom Leben und Wirken in den damaligen Städten. Besonders von Italien kommen nun herrliche Vedutenblätter auf wie diejenigen von G. B. Piranesi, später fortgesetzt von Rossini. Während der Holzschnitt völlig zurückging, erfand man neue graphische Techniken, die dem Geschmack der Zeit entgegenkamen, wie Schabkunst, Radierung und Aquatinta-Technik.

Noch in der Zeit des Klassizismus erwachte in Deutschland eine geistige Strömung, die bald in Literatur und Musik, aber auch auf die Gebiete der bildenden Kunst Einfluß nahm, die Romantik. Inniges Naturempfinden, Flucht in eine schöne, heile Welt voll Poesie und Romantik ohne Alltag war ihr Kennzeichen. Die Landschaft wurde neu entdeckt und die kleinen und großen Schönheiten der Welt, der Kunst und auch der Städte inmitten ihrer Landschaften wurden zum bevorzugten Thema der graphischen Kunst.

In der Biedermeierzeit entstand eine Vielzahl von dekorativen Zeichnungen, Radierungen und Aquarellen von Städteansichten, Bauwerken und Landschaftsgenreszenen, die zur Vorlage für Stahlstiche und Lithographien dienten. Hier gab es Stadtansichten, Darstellungen des romantisch gefärbten Alltagslebens in einer Stadt oder einer Landschaft, Marktscenen mit reicher Staffage von Reitern, Menschen, Kutschen, dann wiederum Stadttore, Türme, Kirchen und Baudenkmäler, Standbilder, die die Wirklichkeit in einem biedermeierlichen, romantischen, glorifizierenden Rahmen, unter Vermeidung aller Unschönheiten, erscheinen ließen.

Diese Stiche lockten schon unsere Altvorderen auf die staubigen, endlosen Straßen der Welt, um die mehr oder minder gepriesenen Weltwunder großer Städte gesehen zu haben. Wieviel größer aber wurde der Kreis der Reisenden, als Dampfschiff und Eisenbahn das mühsame Reisen mit Pferd und Wagen über schlechte, lochtiefe Wege ablösten, und diese neuen technischen Möglichkeiten den Reisehungrigen weitgehend zugute kamen.

Für diese wurde eine ganz neue graphische Industrie eingesetzt, um beschauliche Reisebeschreibungen und Städteansichtenstiche als Souvenir oder Bildungsbuch zu erstellen. Für ganze Länder, Landstriche oder Städte entstanden zusammenhängende Reisebücher, zum größten Teil mit hervorragenden Veduten, die oft hohe Auflagen erzielten.

So ist heute die Reiseliteratur aus dem 19. Jahrhundert kaum zu übersehen. Die meisten Werke waren mit Landschafts- und Städteansichten illustriert, wobei der Kupferstich vom Stahlstich abgelöst wurde, dessen Blütezeit zwischen 1820 und 1870 lag, oft ergänzt von Holzschnitten und Lithographien.

Das rasche Wachstum der Städte, das Aufkommen der Technik und der Industrie förderten diese Gegebenheiten.

Nicht die Absicht, alte Ansichten darzustellen stand im Vordergrund, im Gegenteil, man war bestrebt, das Superneue zu zeigen und kopierte in die Stiche Entwürfe von geplanten Neubauten, Brücken und Eisenbahn ein, um völlig à jour zu sein, wenn die Werke erschienen.

Aber auch die romantische Begeisterung der Menschen für die Idee der Bildung und Reise förderte diese Bewegung. Ja es bildeten sich literarische Zirkel und geistige Zentren in denen Reisebeschreibungen und Begeisterung für die deutsche Landschaft im Vordergrund standen, von Byron über Brentano, Goethe, Eichendorf, Hölderlin, Reimarus, Schlegel bis zu Simrock.

Ruinen, Burgen, die romantische Landschaft, alles entzündete romantische Begeisterung eines neuen Naturgefühls im Sinne von Rousseau, und förderten den aufkommenden Tourismus mehr aus innerem Drang außerhalb geschäftlicher Notwendigkeit. Man begeisterte sich wieder an stilvollen Panoramenansichten, Sonnenaufgängen, Felsenklüften und Naturschönheiten, Mondscheinfahrten, Wolkengebilden, und über allem wehte ein Hang zum Melancholischen, zur Einsamkeit.

Auch der allgemeine Kunsttrend förderte die Möglichkeiten des Stahlstichs. Die stilisierten harten Konturen aus Holzschnitt und Kupferstich der früheren Jahrhunderte wichen der charmanten Weichheit plastischer Formung mit zarten Übergängen in den Tonwerten. Die Aufteilung des Bildes wurde nach plastischen Kunsterwägungen in drei Ebenen gestaltet. Im Vordergrund meist eine reiche Staffage, das Hauptbild die Vedute mit meist baulichen Darstellungen, und im Hintergrund eine weitreichende Landschaft und ausdrucksstarker Himmel mit Wolkengemälden, Lichtdurchbrüchen, ergaben ein wohldurchdachtes Scenenbild von malerischer, lichter Schönheit und scenenhaftem Aufbau mit wohl dosierten Schwerpunkten. Diese Schwerpunkte wurden zusätzlich etwa durch eine tiefstehende Sonne hinter Gebäuden erzielt, welche die Konturen schärfer hervortreten ließ.
Ein lebhaftes Spiel von Licht und Schatten, dunklen Wolkenmassen, die ein helles Gebäude im Vordergrund hervorheben oder sonnige Fernen im Rahmen eines dunklen Vordergrundes, gaben dem Bild Spannung, Plastizität und Leben. So erscheinen oft ähnliche Motive nie eintönig und ermüdend, sondern immer wieder aufs neue reizvoll, immer variierend.
Wichtige historische Ereignisse, topographische Gegebenheiten wurden vollständig erfaßt, während alles Beiwerk

durch eine vielseitige künstlerische Ausdruckskraft erweitert und romantisch verschönt wurde. Großformatige Prachtwerke, wie sie die früheren Kupferstichwerke noch darstellten, waren jetzt nicht mehr gefragt. Die Bücher mußten handlich und preiswert sein. Ein mittelgroßes, etwa Din A 5-Format Buch genügte als Reiseerbauungsbuch in denen die Bilder mit einem weitreichenden Text kommentiert wurden.

Hauptsächlich wurden dabei reine Fremdenverkehrsgebiete abgehandelt, ähnlich unseren heutigen Reiseprospekten. Das Hauptstahlstichwerk dieser Zeit ist das berühmte Sammelwerk in 10 Bänden von Georg Wiegand in Leipzig, das erste deutsche Stahlstichwerk im großen Stil mit 391 Stahlstichen. „Das malerische und romantische Deutschland“, erschien 1836-41.

Die Bände behandelten die Sächsische Schweiz, Schwaben, Thüringen, den Harz, die Donauländer, das Rheinland, Franken, Tyrol und Steiermark, das Riesengebirge, die Nord- und Ostseeküsten. Daneben gab es auch andere bedeutende Werke, wie „die malerischen Ansichten des Rheins“ von Wilmans nach G. Schütz, „die malerischen Ansichten des Rheins, der Mosel, der Haardt und des Taunusgebirges“ bei Engelmann 1825, das Frankfurter Werk Jügels oder Batty's: „Scenery of the Rhine“, Springers „Deutsche Kaiserstadt“ und nicht zuletzt von Georg Gustav Lange: „Originalansicht der vornehmsten Städte in Deutschland, ihrer wichtigsten Dome, Kirchen und sonstigen Baudenkmäler alter und neuer Zeit“ in 17 Bänden.

Besonders für den Ostdeutschen Raum gab es bedeutende Stiche-Werke, wie Eduard Sonmmer: Saxonia, Museum für Sächsische Vaterlandskunde, 5 Bd. Dresden 1835; Ludwig Rohbock und C. Koehler: Das Königreich Sachsen, Thüringen und Anhalt, 3. Bd. Darmstadt 1862; Albert Schiffnar: Beschreibung von Sachsen und der Ernestinischen, Reußischen und Schwarzenbergischen Landen, Dresden 1845; Kobbe/Cornelius: Wanderungen an der Nord- und Ostsee.

Neben den aus früheren Jahrhunderten bekannten Techniken des geringen Auflagendrucks wie Holzschnitt, Kupferstich und Radierung, kommt der Stahlstich um 1820 auf. Diese Technik wird ähnlich dem Kupferstich ausgeführt, nur, daß Stahlplatten als Druckstockgrundlagen dienen.

Stahlplatten hatten den Vorzug der größeren Härte und Abdruckfähigkeit ohne Beschädigung des Druckbildes. Dieses Verfahren wurde für Porträts und Kunstblätter eingesetzt, insbesondere aber für die Wiedergabe von Städteansichten.

Mit einem Stichel wurde das auf der Druckform spiegelverkehrt gezeichnete Bild in die Stahlplatte eingraviert. Die Bildelemente zeigen ein Relief mehr oder minder tief eingraviert, je nach der gewünschten Farbintensität der Bildpartie.

Nachdem die Farbe auf die Platte aufgetragen worden war, zog man mit einem Rakel die überflüssige Farbe wieder ab, so daß nur die Vertiefungen in der Platte noch mit Farbe gefüllt waren. Hiervon erfolgte dann der Druck. Obwohl je nach Qualität die Stahlstiche auch sehr feine Strichgravuren, insbesondere durch die hochentwickelten Liniermaschinen zuließen, ließ die Lebendigkeit der Zeichnung etwas zu wünschen übrig. Die Qualität eines Stahlstichs hing nicht nur von dem Zeichner ab, sondern eher noch mehr von dem Können des Stahlstechers.

Meist gab der Verleger die oft bestellten Handzeichnungen an berufsmäßige Stecher oder Stecherwerkstätten, deren Niveau bedeutend war. Neben der technischen Schwierigkeit erforderte die Tätigkeit ein enormes künstlerisches Können und Wissen, um die Zeichnungen oder farbigen Aquarelle in grau-schwarze Tonwerte des Stahlstichs umzusetzen und dabei die Plastizität und Lebendigkeit der Zeichnung nicht verloren gehen zu lassen. Neue Möglichkeiten in einer Freiheit Linien zu zeichnen, förderten die technisch perfekte Darstellung.

Die Einführung des Landschaftsstahlstichs dürfte wohl von England ausgegangen sein, wo diese Kunst durch überragende Kupfer- und Stahlstecher meisterlich beherrscht wurde. So ist es nicht verwunderlich, daß die bedeutenden deutschen Stahlstecher ihre Kunstfertigkeit in England vervollkommneten, insbesondere bei Henry Winkles, der auch in deutschen Stahlstichbüchern reichlich vertreten war.

Von England aus kamen auch fachlich speziell für den Stahlstich versierte Zeichner nach Deutschland, die die Zeichenvorlagen erstellten, die dann in England gestochen wurden. Von diesen Vorlagen ging man hier in Deutschland vielfach später wieder aus und stach sie qualitativ minderwertig nach.

So wurden von späteren, mäßigen Stechern qualitativ hervorragende Vorlagen geradezu verhunzt durch eine grobe Stümperei und wahllose Verbreitung, die zum Niedergang der Stahlstecherkunst führte. Das Stahlstecherhandwerk war jedoch recht mühsam, nahm doch die Herstellung größerer Ansichten oft Wochen, ja Monate in Anspruch. Der enorme Aufwand und die hohen Kosten waren sicherlich mit am frühen Ende des Stahlstichs Schuld. Da mußten die Maler und Zeichner honoriert, der erhebliche Stecherlohn aufgebracht, die Stahlplatten bearbeitet werden; Plattendruck und Satzkosten für den Textteil eines Buches erforderten hohen Aufwand und dann war ein besonders kostbares Papier für einen Qualitätsdruck erforderlich, und erst mit einem guten buchbinderischen Einband wurde das fertige Buch verkaufsfähig. Der Text des Buches war ganz auf das Bild abgestellt und erläuterte die auf dem Bild gezeigte Stadt oder Landschaft. Meist waren die Legenden der Bilder dreisprachig.

In der Tat war das ganze Werk eine sehr aufwendige Sache, die sich nur bei hohen Auflagen, die der Stahlstich allerdings bot, lohnte. Aber auch hier schlief die Konkurrenz nicht, und so wurden Kunstwerke von Stahlstichbüchern grob gefälscht und nachgestochen, mangelhaft nachgedruckt auf minderwertigem Papier unterboten, was schließlich zum späteren Verfall der Stahlstecherkunst führte. Man wollte keine Kunstwerke mehr bieten, und so verloren die Zeichnungen an Reiz und erstarrten zum Klischee, priesen zwar den technischen Fortschritt, richteten sich nach dem Geschmack der Menge. Zuletzt diente die Photographie den Stechern als Vorlage.

So wandte man sich ab von der Idee, die die Romantik bewußt erzielen wollte, und kam zur realen Wirklichkeit mit unmalerischen und unpoetischen Einzelheiten möglichst vollendeter Genauigkeit, die schließlich zu den gefürchteten Kitschpostkarten führte.

Trotzdem bieten die Stahlstiche, ob aus der Blütezeit ihrer Anfänge oder aus der Zeit des Verfalls, für uns Heutige interessante Perspektiven.

Die Romantische Reise durch die historischen Städte und Landschaften des deutschen Ostens soll die bedeutenden Mittelpunkte, gleichsam als unvergessene Anhaltspunkte der Erinnerung, für einen ganzen Stadt- oder Landschaftsbereich anklingen lassen.
Alte, urdeutsche Namen und Landschaften erstehen vor uns in ihrer Jahrhunderte alten Geschichte, in ihrer

geographischen Vielfalt der Landschaftsformen, ihrer reichen Kultur, Kunst und Baugeschichte, die mit einigen Adjektiven aufgezeigt werden soll.
Im Osten schließt sich dem ersten Band „Historische Reise durch das Romantische Deutschland“ die fortlaufende Reise in Thüringen an: Eisenach wird von Schloß, Nicolaikirche und Nicolaiturm beherrscht. Der Markt wird von schönen Fachwerkhäusern des 17. Jahrhunderts umgeben. Die Wahrzeichen Erfurts, der thüringischen Landeshauptstadt, sind Dom und Severikirche. Weimar, die verträumte Goethestadt mit Residenz, Schloß und Herderkirche, schließt sich an. Im Zentrum der sächsischen Textilindustrie erhebt sich in Plauen das herrliche Renaissance-Rathaus am Altmarkt. Die Ansicht von Reichenbach zeigt die aufstrebende Industriestadt der Weber und Färber und als Sehenswürdigkeit des Vogtlandes die Göltzschtal-Brücke.

Zwickau, die Geburtsstadt Robert Schumanns – hier ein Blick auf Rathaus und Gewandhaus – erweckt um die Mitte des vergangenen Jahrhunderts noch den Eindruck des Kleinstädtischen.

Glauchau am westlichen Erzgebirge wird beherrscht von der mächtigen Burg Glauchau und St. Georgen, in welcher eine herrliche Silbermann-Orgel die Choräle intoniert.

Chemnitz liegt am Fuß des Erzgebirges. Das Zentrum der Textilindustrie zeigt sich mit seinem historischen Marktplatz, mit altem Rathaus, Jacobikirche, Rotem Turm und Schloßkirche als geschäftige Handels- und Industriestadt. Freiberg, die Bergarbeiter-Stadt mit altem Herrenhof und Schloß, dem Dom mit der berühmten Goldenen Pforte und Silbermann-Orgel, und Kaufhof.

Leipzig, seit dem 15. Jahrhundert Landesuniversität und Zentrum des Messewesens mit Nicolai- und Thomaskirche, an der Johann Sebastian Bach wirkte, Börse und Alter Waage. Auf dem Stich ist der Markt zur Grimmaischen Straße hin mit dem Rathaus zu sehen. Leipzig war der geographische Mittelpunkt Deutschlands, eine Handels- und Wirtschaftsstadt, die seit 1825 als Zentrum der graphischen Industrien auch den Börsenverein beherbergte.

Am Kreuzpunkt der Poststraßen liegt Wurzen an der Mulde mit mächtiger Burg und romanischem Münster.
In Oschatz, an der alten Handelsstraße nach Schlesien und Polen, zeugt das prächtige Renaissance-Rathaus und die reichen Bürgerhäuser, überragt von der gotischen Aegidienkirche, vom Reichtum der Handelsstadt, in der das Tuchmacher- und Webereihandwerk blühten.
Colditz, mit seinem beherrschenden Schloß über dem Muldeufer, war Mittelpunkt der keramischen Industrie.

Meißen, die Stadt des Porzellans, liegt am linken Elbufer und wird durch die Albrechtsburg bekrönt. Fürstenschule St. Afra, Rathaus und schöne Bürgerhäuser umrahmen das Bild.

Dresden, die „schönste Stadt Europas", die Kunstmetropole, das Elbflorenz, ist durch die Namen August der Starke, Matthäeus Daniel Pöppelmann, George Bähr und Gottfried Semper in die Kunstgeschichte eingegangen. Schloß, Hof- und Frauenkirche, Brühlsche Terrasse, Augustus Brücke und Zwinger sind die beeindruckenden Höhepunkt deutscher Baukunst des Barock.

Pillnitz an der Elbe war das Lustschloß August des Starken. Die Sächsische Schweiz mit dem Elbsandsteingebirge ist mit seinen wildromantischen Feldwänden entlang der Elbe von altersher das Erholungs- und Ausflugsgebiet der Dresdner gewesen. Pirna an der Elbe wird überragt von der Festung Sonnenstein. Dieser Ort war ein wichtiger Handels- und Umschlagplatz für den Verkehr nach Böhmen. St. Marien, Marktplatz und Renaissance-Rathaus gaben der Stadt architektonische Bedeutung.

Elbaufwärts erreicht man Bad Schandau, der beliebte Ausflugsort mit der weißen Flotte an der Elbe.

In der Oberlausitz erreicht man Bautzen hoch über dem Spreebogen mit Petri Dom und Ortenburg. Wie ein mittelalterliches Bild wirkt die Stadtmauer mit ihren Türmen und Toren.

Löbau liegt an einer alten Handelsstraße. Hier sind vor allem Johannis- und Nicolaikirche beachtenswert.

Die reizvoll gelegene Stadt Zittau, Stadt der Leinenweber und Textilmaschinenindustrie, wird überragt von den Türmen der Johannis, Kreuz- und Frauenkirche mit Kloster.

Das Sudetenland, Böhmen-Mähren und ein Teil von Schlesien wird vom Böhmerwald, dem Erzgebirge und dem Wall der Sudeten eingeschlossen. Eger, Carlsbad, Marienbad, Leitmeritz, Teplitz und Reichenberg, alte deutsche Städte und herrlich gelegenen Heilbädern werden von Wäldern umschlossen. Die weiter nach Mähren zu gelegenen Städte Pilsen, Prag, Schlan, Brünn und Friedland zeichneten eine blühende Kultur aus. Die Kunstlandschaft wird hier vor allem von Balthasar Neumann, Fischer von Erlach und Peter Parler, auf geistigem Gebiet von Adalbert Stifter, Marie von Ebner-Eschenbach, Rainer Maria Rilke, Franz Kafka und Franz Werfel geprägt, während das Gebiet der Musik von Gustav Mahler, Friedrich Smetana und Anton Dvorak beherrscht wird.

Schlesien, das Land der Begegnung, die Brücke zwischen dem Osten und dem Westen, schließt sich an und zeigt vielfältige Landschaftsformen von der schroffen Bergwelt bis zu lieblichen Tiefebenen. Es ist eine Landschaft im steten Wechsel.

Auf der Reise gen Norden erreichen wir die östliche Spitze Schlesiens mit der gewaltigsten Industrielandschaft Europas. Das Zentrum des Oberschlesischen Industriereviers mit seinen unermeßlichen Bodenschätzen, der Chemie- und Textilindustrie, ist Königshütte.

Das Land zwischen Neisse und Ratibor war die Heimat des großen deutschen Dichters und Denkers der Romantik: Joseph Freiherr von Eichendorf.
Neisse galt als das schlesische Rom, eine Bischofsstadt mit prachtvollen Bauwerken aus Renaissance und Gotik.

Heiter, fast süddeutsch, wirken die altertümlichen Gassen mit kostbaren Rokokohäusern, barocken Kirchen und andere Kleinodien mittelalterlicher Architektur in Glatz. Diese Stadt, die man als „Perle der Krone Maria Theresias" bezeichnete, zählt zu den schönsten und verträumtesten in ganz Schlesien.

Alte trutzige Burgen, Kirchen und Schlösser des Waldenburger Landes schließen sich an, Bergkuppen aus rotem Porphyr und Basalt mit unermeßlich weiten Wäldern.
Mit seinem weltberühmten Rathaus aus dem 14. Jahrhundert erinnert Breslau an seine glorreiche Vergangenheit. Die „Kirche auf dem Sand", Kreuzkirche und Dom verleihen der Stadt an der Oder den Ruf der Krone des Landes. Es ist eine Schatzkammer architektonischer Kleinodien aller Stilepochen.

Der schönste Renaissance-Bau in Schlesien ist das Piastenschloß in Brieg, dem sich das herrliche Rathaus zur Seite gesellt.

Das Riesengebirge, Land und Heimat Gerhard Hauptmanns, ist als mächtiger Gebirgszug der Sudeten ein bezauberndes, idyllisches Naturparadies. Es ist das Reich Rübezahls. Die Hauptstadt Hirschberg präsentiert sich mit herrlichen Bürgerhäusern und prächtigem Marktplatz.

Die an ehrwürdigen Baudenkmälern und Zeugnissen deutscher Lebensart so reichen Städte Liegnitz (mit Peter-und-Paul-Kirche und Piastenschloß) und Görlitz (Mittelpunkt wichtiger Industrien mit Peterskirche, Dreifaltigkeits- und Frauenkirche sowie dem mächtigen Rathausturm) werden in den Stichen wiedergegeben.
Glogau an der Oder war eine alte friederizianische Festung. Typisch war die Silhouette mit Rathausturm, Jesuiten- und Stadtpfarrkirche.

Das Wahrzeichen von Magdeburg ist der Dom mit seinen reichen Kunstschätzen, prächtig von der Elbe aus neben Liebfrauen- und Nicolaikirche anzuschauen.

Das alte Berlin, die Stadt der Preußenkönige, die Kunst- und Regierungsmetropole alter Tradition und das Zentrum des Handels und der Industrie, ist hier nur mit 3 Stichen vertreten. Diese Stadt beschreibt gesondert die Stiche-ausgabe „Das Alte Berlin".

Auf der Reise gen Nordosten passieren wir Frankfurt, die alte Hanse- und Universitätsstadt an der Oder. Franziskaner-, Nicolai-, Marienkirche und Rathaus bilden hier die architektonischen Höhepunkte.

Schwerin, die 800jährige Stadt der Seen, erhielt seine Bedeutung durch das gewaltige romantische Schloß und den Dom.

In der Barlachstadt Güstrow sind gotischer Dom und St. Marien-Kirche Zeugnisse norddeutscher Backstein-gotik. Der gleiche Stil prägt Wismar, die einst mächtige Hansestadt mit engen Giebeln, Gassen, Türmen und drei gotischen Basiliken.

Ein ähnlicher Baucharakter zeigt sich in der Hansestadt Rostock. Da sind der Turm der Marienkirche, der seine mächtigen Glocken über den Marktplatz erschallen ließ, das großherzogliche Palais, Kreuz- und Michaeliskirche sowie das Rathaus.

Stralsund, breithin am Wasser gelagert, war das mächtigste Glied in der Kette der Hanse neben Lübeck. Prächtige Backsteingotik gibt der Stadt seine Bedeutung: Domini-kaner- und Franziskaner-Kloster, Heiliggeist-Spital, Rathaus, Marien- und Nicolai-Kirche

Schloß Putbus auf Rügen zeigt eines der großen Herren-häuser des deutschen Ostens, die einst zu den geistigen und kulturellen Zentren gehörten, angefüllt mit Kunst und Kultur altangestammter Familien mächtiger Adels- und Bürgerdynastien.

Drei Backstein-Kirchen überragen die alte Universitäts-stadt Greifswald. Prachtvolle Renaissancegiebel der Bürgerhäuser, Rathaus, St. Jacobi und St. Marien prägten die Silhouette der altehrwürdigen Stadt des Geistes.

Die Seestädte der „Pommerschen Schweiz" waren gesuchte Anziehungspunkte für ganz Deutschland. Dazu kamen die ruhmreichen Städte der Deutschritter als Schatzkammer gotischer Architektur. Das Land wird von Buchten zerklüftet, von gewaltigen Buchenwäldern und einsamen Seen durchzogen.

Stettin, die Großstadt an der Oder, war als Handelsstadt eine Metropole für Kaufherren und Reeder, aber auch für Künstler. Die „Königin der Ostsee“, überragt von Europas größtem Getreidespeicher, hatte als Zentrum der pommerschen Wirtschaft den drittgrößten deutschen Hafen.

In Stargard versinnbildlichen malerische Giebelornamente an ehrwürdigen Bürgerhäusern, trutzige Türme und als Wahrzeichen die Marienkirche die 700jährige Geschichte dieser blühenden Handelsstadt. Köslin hingegen galt als reines Verwaltungszentrum.

Stolp empfand man als reizvolles pommersches Seebad und gab ihm den Beinamen „Klein Paris“.

Danzig, die alte deutsche Hanse- und Handelsstadt, wird von der in Backsteingotik aufgeführten Marienkirche beherrscht, umgeben von historischen, schmalbrüstigen Bürgerhäusern und dem historischen Rathaus, welches zu den schönsten des deutschen Ostens gehört. Am Seehafen die Lange Brücke, die markanteste europäische Kai-Anlage, als Wahrzeichen bekrönt vom berühmten Krantor. Marienburg, eine Festung des deutschen Ordens, war eine wuchtige Trutzburg mit einem Hochschloß. Sie galt als eine der eindrucksvollsten Profanbauwerke der deutschen Gotik und bot ein überwältigendes Panorama.

Marienwerder, mit einem mächtigen Dombau am Ostufer der Weichsel, war die kleine Schwester dazu.

Zu den bezauberndsten Naturparadiesen Europas zählt Ost- und Westpreußen, einem durch Jahrhunderte deutsches Land an den Flüssen zum Baltischen Meer. Von der stolzen Geschichte erzählen die Ordens-Trutzburgen. Melancholische Wälder wechseln mit großen landwirtschaftlichen Nutzflächen ab. Hier sind die bedeutenden historischen Güter des Landadels zu finden, deren Häuser mit der Wohnkultur von Jahrhunderten angefüllt waren. Die Kornkammer Deutschlands war durchzogen von kristallklaren Seen.

Die alten deutschen Städte, wie Graudenz, Culm, Thorn, Bromberg, Gumbinnen und Memel ganz im Osten, hatten mehr Bedeutung für die Militärausbildung und Verwaltung. Sie boten baugeschichtlich nur einen schwachen Abglanz der Perlen gotischer Backsteingotik Westpreußens. Besonders zu nennen ist aber die ehrwürdige Stadt Königsberg mit seinem beherrschenden Schloß, ehemals ein wichtiger Umschlagsplatz der Ostseeländer. Als geistiges Zentrum erhielt die Stadt ihre Bedeutung durch die Lehre Immanuel Kants.

Heisinger

EISENACH

M. Kurz — SCHMALKALDEN — Joh. Poppel

Hablitscheck

GOTHA

Borussia

DOM UND DIE ST. SEVERI KIRCHE IN ERFURT

L. Rohbock — DER HERDER PLATZ IN WEIMAR — Oeder

L. Rohbock PLAUEN Oeder

L. Rohbock — REICHENBACH — J. Richter

Saxonia

ZWICKAU

Saxonia

GLAUCHAU

L. Rohbock — CHEMNITZ — M. Kurz

G. Wunderlich — FREIBERG — Teichgräber

M. Kurz

LEIPZIG

G. Täubert | DAS RATHAUS ZU LEIPZIG | C. W. Arldt

L. Rohbock

WURZEN

Thümling

Hanfstaengel

OSCHATZ

Saxonia

COLDITZ

L. Rohbock MEISSEN Joh. Poppel

G. Wilder | DRESDEN | Payne

O. Knäbing

DIE HOFKIRCHE ZU DRESDEN

J. Riedel

L. Lacey — SCHLOSS PILLNITZ AN DER ELBE — H. Winkles

O. Knäbing

PIRNA

A. Beschorner

Joh. Poppel — SÄCHSISCHE SCHWEIZ — M. Kurz

W. Wegner

BAD SCHANDAU AN DER ELBE

Renner und Ketzschau

Joh. Poppel — BAUTZEN — J. Richter

L. Rohbock | LÖBAU | M. Kurz

L. Rohbock — ZITTAU — Joh. Poppel

Wilh. Kandler — LEITMERITZ — Jos. Rybicka

Wilh. Kandler — DER SCHRECKENSTEIN — Jos. Rybicka

Wilh. Kandler

SCHLOSS RAUDNIC AN DER ELBE

Jos. Rybicka

Wilh. Kandler DAS KLOSTER ZU BRAUNAU Jos.Rybicka

Joh. Poppel

CARLSBAD

Joh. Poppel — EGER — L. Richter

Carl Würbs MARIENBAD Joh. Poppel

Wilh. Kandler

DAS SACHSENTOR ZU PILSEN

Jos. Rybicka

Wilh. Kandler

DIE ALTSTADT ZU PRAG

C. F. Merckel

V. Merstadt DAS ALTE PRAGER TOR ZU SCHLAN J. Axmann

Höfer

ZNAIM

Joh. Poppel BRÜNN M. Kurz

Wilh. Kandler FRIEDLAND Jos. Rybicka

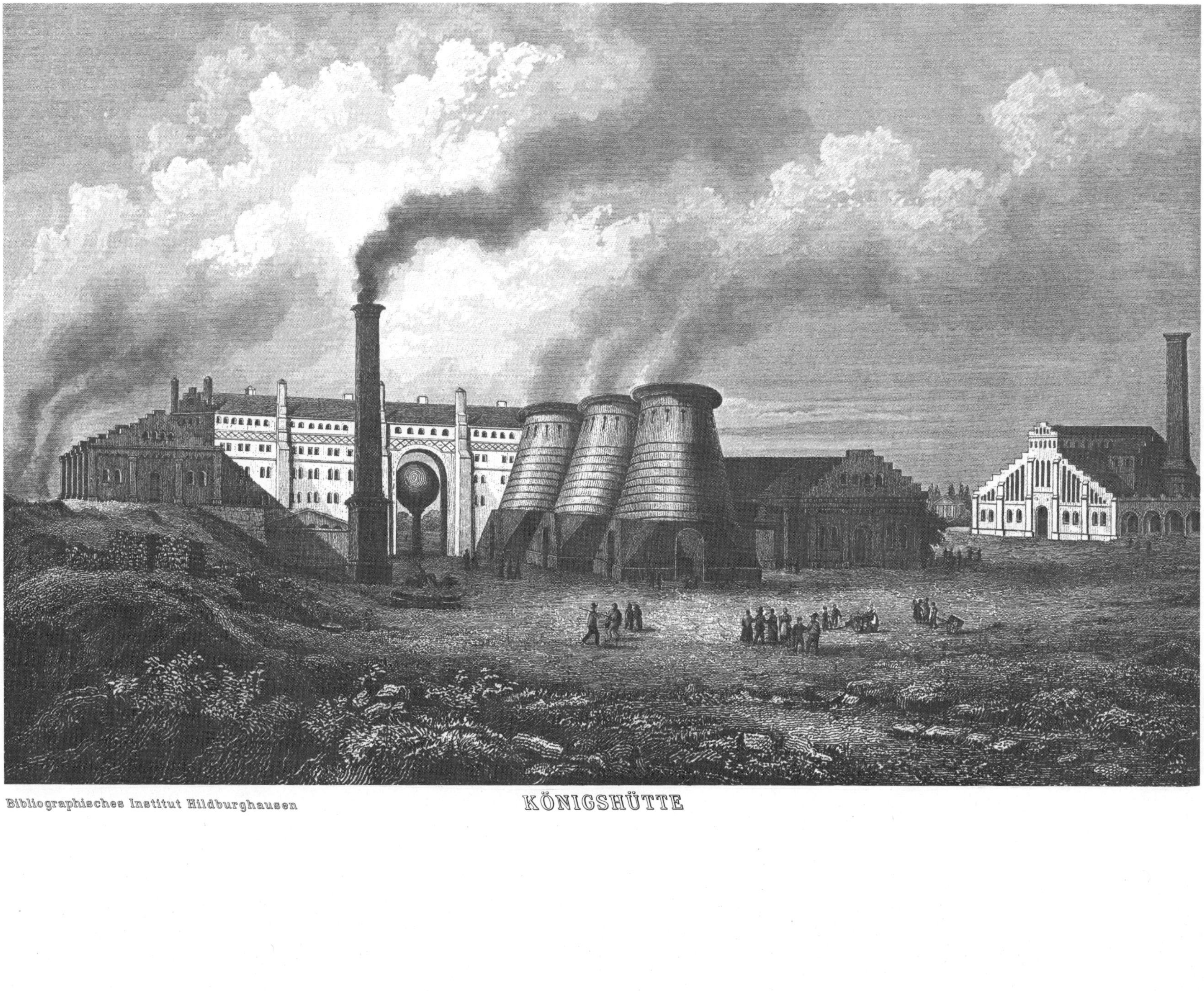

Bibliographisches Institut Hildburghausen

KÖNIGSHÜTTE

Borussia

NEISSE

Borussia

GLATZ

NACHOD

Borussia | DAS RATHAUS ZU BRESLAU | Riegel

Wilh. Kandler — BRESLAU — Jos. Rybicka

Joh. Poppel DAS RATHAUS ZU BRIEG J. Richter

G. Wilder HIRSCHBERG Payne

L. Rohbock — LIEGNITZ — Joh. Poppel

Borussia

GÖRLITZ

Borussia

GLOGAU

Umbach MAGDEBURG Joh. Poppel

L. Rohbock WITTENBERGE J. Joh. Poppel

L. Rohbock

SPANDAU BEI BERLIN

Joh. Poppel

L. Rohbock DAS BRANDENBURGER TOR ZU BERLIN Joh. Poppel

J. Gottheil — POTSDAM STADTANSICHT — Joh. Poppel

L. Rohbock FRANKFURT AN DER ODER Joh. Poppel

Borussia

NEU BRANDENBURG

Krüsi — SCHWERIN SCHLOSS — Bibl. Inst. Hildburghausen

L. Rohbock WISMAR Joh. Poppel

GÜSTROW

B. Peters — ROSTOCK — H. Winkles

B. Peters

STRALSUND

E. Abresch

B. Peters | SCHLOSS PUTTBUS | H. Winkles

Joh. Poppel GREIFSWALD MARKPLATZ H. Winkles

B. Peters — STETTIN — H. Winkles

Clerget STARGARD B. Peters

Clerget

KÖSLIN

L. Rohbock STOLP J. Richter

Joh. Poppel HAFEN ZU DANZIG H. Winkles

B. Peters DANZIG H. Winkles

Clerget — MARIENBURG — E. Abresch

Navellier **MARIENWERDER** Clerget

Borussia

GRAUDENZ

Joh. Poppel

CULM

H. Winkles

Borussia

THORN

BROMBERG

Clerget

Navellier — POSEN — Clerget

E. Abresch KÖNIGSBERG H. Winkles

Clerget GUMBINNEN Navellier

BÖRSE UND POST ZU MEMEL

Abresch, W., Zeichner und Stahlstecher, tätig 1830 – 50

Alt, Rudolf, von, Landschafts- und Architekturmaler, Aquarellist und Lithograph, 1812 Wien - 1905, bedeutendster Vertreter der Wiener Architektur und Vedutenmalerei

Arldt, C. W., Zeichner, tätig 1830 – 60

Bamberger, Friedrich, Maler und Zeichner, 1814 - 1873

Batty, Robert, Capitän, Aquarellist und Zeichner in England, 1789 - 1848

Clerget, Holzschneider und Zeichner in Ostpreußen, tätig 1850 – 70

Cooke, William John, Landschaftsstecher in England und Darmstadt, 1797 - 1865, arbeitete für englische und ab 1840 für deutsche Verleger. Er unterhielt mit E. Grünewald ein Stahlstecheratelier in Darmstadt

Dielmann, Jacob Fürchtegott, Maler und Lithograph in Frankfurt, 1809 - 1885, zeichnete bedeutende Ansichtswerke von Frankfurt und Umgebung

Foltz, F. Stahlstecher in Bingen und Darmstadt, von 1835 - 70 dort tätig, weitgehend für den G. G. Lange Verlag

Foster, Birket, Graphiker in London, 1825 - 1899

Frommel, Carl Ludwig, Maler, Zeichner, Radierer und Stahlstecher in Karlsruhe 1789 - 1863. F. gründete mit Winkles 1823 eine bedeutende Stahlstichanstalt in Karlsruhe, wo er auch Professor der Malerei und Kupferstecherkunst war. Er gilt als der Begründer der Stahlstecherkunst in Deutschland. Nach seinen Zeichnungen entstanden wichtige Stahlstichwerke von größter Qualität.

Geissler, Johann Martin, Stahlstecher in Nürnberg 1778 - 1853

Gray, Jens, englischer Zeichner und Stahlstecher zunächst 1830 - 42 bei A. H. Payne in Leipzig, später tätig für G. G. Lange Darmstadt und Berendsohn Hamburg.

Grünewald, Ernst Friedrich, Stahl und Kupferstecher 1801 - Darmstadt - 1848, tätig bei C. L. Frommel in Karlsruhe, dann in London und Hamburg und gründete gegen 1840 ein Stahlstichatelier in Darmstadt mit W. J. Cooke, wo er weitgehend für G. G. Lange in Darmstadt sowie für das Bibliographische Institut Hildburghausen tätig war.

Grönninger, T., Zeichner und Maler in Bremen. Er schuf bedeutende Ansichtswerke von Bremen 1771

Haldenwang, Christian, Stahlstecher in Liniermanier, 1770 - 1831

Hohe, Christian Nicolaus, Zeichner und Maler in Bonn, 1798 - 1868

Hoffmeister, Louis, Zeichner und Stahlstecher in München. H. war tätig bei Georg Franz Verlag München und bei G. G. Lange Verlag, Darmstadt

Jügel, Carl Friedrich, Kupferstecher in Berlin. J. gründete 1835 einen Verlag für Stahlstichwerke.

Kandler, Wilhelm, Zeichner und Stahlstecher, tätig um 1830 – 50 in Böhmen-Mähren

Knäbing, Otto, Zeichner

Kolb, Joseph Maximilian, Kupfer- und Stahlstecher bei Johann Poppel in München, sowie bei Georg Franz München und G. G. Lange in Darmstadt

Kurz, Georg Michael, Stahlstecher in München, 1815 - 1883 bei Georg Poppel, dessen Teilhaber er wurde. K. arbeitete für Lange, Franz, Berendsohn und Hildburghausen.

Lacay, S. W. englischer Stahlstecher, besonders tätig bei Tombleson

Lange, Gustav Georg, Zeichner und Verleger von bedeutenden Stahlstichwerken in Darmstadt 1832 - 1859. Die bedeutendsten Stahlstichbücher, Wiedergaben deutscher Architektur und Landschaft qualitativ in höchster Vollendung erschienen unter seiner Leitung, wie Originalansicht der historisch merkwürdigsten Städte in Deutschland, der Rhein und die Rheinlande usw.

Lange, Julius F. Landschaftsmaler und Zeichner in Darmstadt, 1817 - 1878 war für den Verlag seines Bruders G. G. Lange tätig

Lange, Ludwig, Landschaftsmaler, Architekt und Zeichner in Darmstadt und München 1808 - 1868 war für den Verlag seines Bruders G. G. Lange tätig

Mayer, Carl, Maler, Stahlstecher und Verleger in Nürnberg, 1798 - 1868, besaß ein eigenes Stahlstich Atelier

Osterwald, Georg Rudolf Daniel, Zeichner, Radierer und Lithograph in Köln, 1803 - 1884, war Professor und vielseitiger Künstler. O. lieferte viele bedeutende Vedutenzeichnungen für Stahlstiche

Payne, Albert Henry, englischer Maler, Stahlstecher und Verleger in Leipzig, 1812 - 1902, P. lieferte qualitativ beste Stahlstiche für bedeutende Ansichtswerke, insbesondere für Tombleson. 1838 gründete er in Leipzig einen Verlag und arbeitete vorwiegend für Wigand sowie für G. G. Lange. Von P. stammen auch viele Einzelblätter auf dem Gebiet der Kunstreproduktion.

Peters, B., Zeichner in Mecklenburg, Pommern, tätig um 1840

Poppel, Johann Gabriel Friedrich, Architekturzeichner und Maler, Stahl und Kupferstecher in Nürnberg und München, 1807 - 1882. P. gilt als der bedeutendste Vedutenzeichner und Stecher, arbeitete bei Frommel, Geißler, Tombleson, Lange, Franz und Berendsohn. 1834 gründete P. in München eine Stahlstichanstalt in die er G. M. Kurz mit aufnahm. Oft stach Poppel seine eigenen Zeichnungen nach. Er war der sicherlich produktivste Stahlstecher seiner Zeit.

Radl, Anton, Landschaftsmaler und Kupferstecher aus Österreich, in Frankfurt, 1774 - Wien - 1852 Frankfurt. R. arbeitete für Wilmans und schuf die schönsten Frankfurter Stadtansichten dieser Zeit.

Richards, J. englischer Stahlstecher, vorwiegend bei Wigand beschäftigt

Richter, Adrian Ludwig, Maler, Zeichner und Radierer in Dresden, 1803 - 1884, gilt als der wichtigste deutsche Städteansichtenzeichner. Er war tätig für Georg Wigand in Leipzig für das große Stahlstichwerk: das malerische und romantische Deutschland.

Riedel, Johann Anton, Maler und Radierer ostdeutscher Städteansichten, 1733 Prag – 1816 Dresden

Roberts, Eduard John, englischer Stahlstecher und Erfinder des Stahlstichs, 1797 - 1865, tätig bei Heath.

Rohbock, Ludwig, Zeichner für Stahlstiche in Nürnberg. R. arbeitete von 1832 bis 1850 als Zeichner für G. G. Lange und gilt neben Frommel als der beste und produktivste Stadtansichtenzeichner.

Rouargue, Emile, französischer Lithograph, Kupfer und Stahlstecher in Paris, 1795 - 1865

Rybicka, Joseph, Stahlstecher, Mitte 19. Jahrhundert

Sander, Johann Heinrich, Maler und Lithograph in Hamburg, 1810 - 1865, zeichnete besonders Ansichtswerke von Hamburg, welche Gray und Grünewald stachen.

Scheuchzer, Wilhelm, Maler in Karlsruhe und München, 1803 - 1866

Schönfeld, Heinrich, Maler und Lithograph in München, 1809 - 1845, arbeitete für G. G. Lange.

Täubert, Gustav, Zeichner und Historienmaler 1755 – 1839. Lebte in Berlin, Dresden und Warschau

Teichgräber, Carl Friedrich August, Stahlstecher, geb. 1805 in Oschatz

Tombleson, William, englischer Zeichner und Stahlstecher in London 1795 bis etwa 1845. T. gilt als der bedeutendste englische Stecher und Zeichner von Ansichtswerken, so dem wichtigsten deutschen Rheinbuch: Views of the Rhine.

Umbach, Julius, Stahlstecher in Darmstadt bei Grünewald und G. G. Lange.

Verhas, Theodor, Maler und Zeichner in München, 1811 Schwetzingen - 1872 Heidelberg. V. war an den umfangreichen Ansichtswerken von Wigand beteiligt.

Wigand, Georg, Verleger in Leipzig. 1838 bis 41 gab er das bedeutendste Stahlstichwerk heraus: Das Malerische und Romantische Deutschland in 10 Bänden. Hierfür beschäftigte er fast ausschließlich englische Stecher wie Payne, Lacay, Carter, Patten, Dawson, aber auch einige bedeutende deutsche Stecher waren an diesem Werk beteiligt.

Winkles, Henry, englischer Architekturmaler und Stahlstecher, etwa 1790 - 1860. W. eröffnete zusammen mit Carl L. Frommel 1824 ein Stahlstichatelier und arbeitete für Tombleson viele interessante Rheinansichten. Später ließ er sich in Leipzig nieder Winkles & Lehmann.

Würbs, Carl, Maler und Zeichner in Prag, 1807 - 1876

Franz, Georg, Verleger in München, trat mit besonders qualitativen Stadtansichtswerken hervor, so gab er 1843 - 54 das Werk heraus: Das Königreich Bayern.

Hildburghausen, Bibliographisches Institut, Verlag von Meyers Universum. Hier entstanden viele deutsche Städteansichten von großer topographischer Treue, besonders in der zweiten Hälfte des Jahrhunderts.

Saxonia, Sächsiche geographische Zeitschrift mit lithographischen Ansichten, herausgegeben ab 1835 von E. Sommer

Borussia, Museum für Preußische Vaterlandskunde Dresden, Pietzsch, 1838 – 42